LA BERGERE DES ALPES.

# LA BERGERE
## DES ALPES.
# PASTORALE
### EN TROIS ACTES,
ET EN VERS, MÊLÉE DE CHANT,

*Par M.* MARMONTEL, *de l'Académie Françoise.*

Le Prix est de 30 sols.

## A PARIS,

Chez MERLIN, Libraire, rue de la Harpe, vis-
à-vis la rue Poupée.

M. DCC. LXVI.

## ACTEURS.

ADELAIDE DE SEVILE, en Bergere.

FONROSE d'abord en habit de Ville, & puis en Berger.

M. DE FONROSE le pere.

Madame DE FONROSE.

BLAISE.

RENETTE.

GUILLOT.

JEANNETTE.

LA FLEUR, valet de M. DE FONROSE.

Gens de M. DE FONROSE.

*La Scène est dans un vallon des Alpes.*

---

*Nota.* Les paroles mises en chant sont imprimées en plus petit caractère, que celles du simple récit.

# LA BERGERE DES ALPES.
# PASTORALE.

## ACTE PREMIER.

*Le Théâtre représente un païsage. Sur le devant est un vieux Chêne, & au pied de ce Chêne, un Tombeau rustique.*

## SCÈNE PREMIERE.

FONROSE *en habit de ville*, GUILLOT.

### GUILLOT.

Non, Monsieur, c'est une folie,
Et je n'en dois point abuser.

A ij

## LA BERGERE

FONROSE.
Ah Guillot, je t'en supplie.
Peus tu me le refuser?

GUILLOT.
Mais pourquoi vous déguiser?

FONROSE.
Mon ami, je t'en supplie.

GUILLOT, *en s'en allant.*
Non, non, c'est une folie.

FONROSE.
Guillot!

GUILLOT.
He bien?

FONROSE.
Quoi, tu t'en vas.

GUILLOT.
Mais moi, je ne vous connois pas.

FONROSE.
Ah mon ami, je t'en supplie.
Tu feras mon bonheur.

GUILLOT.
Non, c'est une folie:
Guillot a de l'honneur.

FONROSE.
Guillot, je t'en supplie,
Tu feras mon bonheur.

GUILLOT.
Je ferai son bonheur!

FONROSE.
Oui, mon bonheur, te dis-je.

## DES ALPES.
#### GUILLOT.
Sans mon habit & mon chapeau,
Sans ma cabane & mon troupeau,
Vous n'êtes point heureux ?
#### FONROSE.
Non, Guillot.
#### GUILLOT.
Quel vertige !
Vous me semblez riche & bien né.
A garder les moutons êtes-vous destiné ?
#### FONROSE.
Que veux-tu ? c'est mon goût. J'aime la Bergerie.
#### GUILLOT.
N'est-ce pas quelque étourderie
Qui vous oblige à vous cacher ?
#### FONROSE *comme offensé.*
Moi !
#### GUILLOT.
Pardon, Je n'ai pas dessein de vous fâcher.
#### FONROSE.
Non, mon ami ; je viens goûter loin de la ville
Des biens que le Ciel fit pour vous.
J'aime un loisir obscur, innocent & tranquille ;
Et l'état le plus humble est pour moi le plus
doux.

C'est dans les bois que l'Amour prit naissance;
Il ne se plait qu'à l'ombre des vergers;
Et les plaisirs, enfans de l'innocence,
Ne sont connus que des simples Bergers.
De l'âge d'or vos beaux jours sont l'image.
C'est sa candeur qui régne dans vos jeux.
De tous les biens un seul vous dédommage :
Savoir aimer, c'est savoir être heureux.
C'est dans les bois que l'Amour prit naissance.
Il ne se plait qu'à l'ombre des vergers;
Et les plaisirs, enfans de l'innocence,
Ne sont connus que des simples Bergers.

### GUILLOT.

Moi qui suis Berger, je vous jure
Que je n'ai jamais vu les gens dont vous parlez.
Notre vie a, si vous voulez,
De bons momens, mais elle est dure.

Rien n'est si beau,
Quand les prairies
Sont bien fleuries,
Que d'y voir bondir son troupeau.
Rien n'est si beau.
L'ombrage attire,
L'on y respire
L'air le plus frais.
On y rêve, on y dort en paix.
Mais quand vient le tems des orages;
Quel vacarme ! Quel ravage !
Le Ciel tout noir
Fait peur à voir.

# DES ALPES.

On voit l'éclair
Briller dans l'air.
Le vent par fois
Brife nos toits.
Le tonnerre gronde.
L'eau du Ciel innonde
Cabane & verger,
Moutons & Berger.
La grêle
S'y mêle.
Le troupeau bêlant
S'en va tremblant,
Mouillé, tranfi,
Et le pauvre Berger auffi.

### FONROSE.
Je fais cela ; mais je perfifte.
### GUILLOT.
Quoi ! voulez-vous encor ?...
### FONROSE.
Je t'en prie à genoux.
### GUILLOT.
Vous m'attendriffez. Levez-vous.
Le moyen que je vous réfifte ?
### FONROSE *vivement*.
Ah Guillot ! fi je fuis heureux,
Tu peux compter fur mes largeffes.
Voyons quelles font tes richeffes.
Je veux te les payer en homme généreux.

A iv

## LA BERGERE

GUILLOT.
J'ai dans la plaine
Vingt moutons
Chargés de laine.

FONROSE.
Allons, comptons.
Vingt moutons
Chargés de laine,
Cent écus.

GUILLOT.
C'est trop!

FONROSE.
Non, non.

GUILLOT.
Je suis confus.

FONROSE.
Tais toi, tais toi, n'en parlons plus.

GUILLOT.
Ma cabane est assez belle.

FONROSE.
Encore pour elle
Cent écus.

GUILLOT.
C'est trop!

FONROSE.
Non, non.

GUILLOT.
Je suis confus.

FONROSE.
Tais toi, tais toi, n'en parlons plus.

## DES ALPES.

GUILLOT.
J'ai de plus mon chien fidèle.
FONROSE.
He bien,
Combien
Pour le chien?
GUILLOT.
Oh rien.
FONROSE.
Vingt écus encor pour le chien.
GUILLOT.
Non, non.
FONROSE.
Bon! Bagatelle.
GUILLOT.
Vingt écus!
FONROSE.
Vingt écus.
GUILLOT.
C'est trop!
FONROSE.
Non, non.
GUILLOT.
Je suis confus.
FONROSE.
Tais toi, tais toi, n'en parlons plus.
Ah, tu me mets en colere.
GUILLOT.
Je ne veux pas vous déplaire.
FONROSE.
Marché conclu.

## LA BERGERE

GUILLOT.

Il l'a voulu. *Ils sortent ensemble.*

## SCÈNE II.

### ADELAIDE *seule.*

Voila le seul endroit où mon ame affligée
Se plaise à nourrir sa douleur.
Tout m'y rappelle mon malheur :
J'y pleure, & je suis soulagée.
Je l'ai vu là. C'est là qu'il reçut mes adieux.
C'est là que je reviens l'attendre.
O souvenir cruel & tendre !
Je crois l'y voir encore, il est devant mes yeux.
J'aime à croire qu'il peut m'entendre,
Et que son ame encor respire dans ces lieux.
*Elle s'approche du tombeau.*
Dorestan, cher époux, dont j'adore la cendre,
Dans ce tombeau semé de fleurs,
Où moi-même, après toi, je vais bientôt descendre,
Reçois le tribut de mes pleurs.

## SCÈNE III.

### JEANNETTE, ADELAIDE.

#### JEANNETTE à part.

A cauſe qu'il eſt riche, il me fuit, il me laiſſe,
Lui qui m'aimoit tant hier au ſoir;
Il ne me connoît plus. Et moi, j'ai la foibleſſe
De l'aimer encor..... Non, je ne veux plus le voir.
#### ADELAIDE.
De quoi vous plaignez-vous?
#### JEANNETTE.
      D'être aſſez imbécile
Pour aimer un ingrat qui me manque de foi.
#### ADELAIDE.
Il le faut oublier;
#### JEANNETTE.
      C'eſt là le difficile.
#### ADELAIDE.
C'eſt un grand mal d'aimer.
#### JEANNETTE.
     Qui le ſait mieux que moi?
Helas, quand il vint au Village,
Il n'avoit que ſon troupeau.
En ſimple Berger, le volage,

N'étoit-il pas assez beau ?
Va, va, sois fier, tu le peus ;
Méprise moi, si tu veux ;
Mais, Guillot, je te défie,
De retrouver dans ta vie,
Quelqu'un d'aussi bonne foi ;
Et qui t'aime comme moi.

### ADELAIDE.

On est trop heureuse à votre âge
D'apprendre à ne pas s'engager.
Vous avez connu le danger ;
Profitez en pour être sage.

### JEANNETTE *en s'en allant.*

Oui, j'en profiterai,
Ou bien je ne pourrai.

## SCÈNE IV.

### ADELAIDE *seule.*

Ce sentiment si doux & dont l'ame est ravie,
Fait donc par-tout des malheureux !
Si des simples Bergers il trouble aussi la vie,
Pour qui n'est-il pas dangereux ?
Je vois un troupeau qui s'avance.
Un Berger le conduit ; évitons sa présence.

*Elle s'éloigne.*

## SCÈNE V.

FONROSE *seul, en habit de Berger.*

A la fin me voilà Berger.
Je suis au comble de la joie.
Achève, amour; fais que je voie
Celle qui me doit engager.
Belle & touchante Adélaïde,
A la voix d'un Berger timide
Viens, laisse calmer tes ennuis.
Hélas ! c'est le Dieu que tu fuis,
C'est l'amour même qui me guide.
Mais je l'entens. C'est elle. Oui, c'est sa douce
    voix.
Sans alarmer son innocence,
Tâchons de lier connoissance,
En mêlant à ses chants les sons de mon hautbois.
    *Il va se cacher derriere un buisson.*

## SCÈNE VI.

ADELAIDE *seule, revenant sur ses pas.*

MA douleur semble se répandre
Sur tous les objets que je vois.
Le zéphir gémit dans les bois;
L'écho n'y répond à ma voix,
Que par un son plaintif & tendre.
Les oiseaux mêlent à leur chant,
Depuis qu'ils sont venus m'entendre,
Je ne sais quoi de plus touchant.
Autour de moi je vois s'éteindre
L'éclat des plus brillantes fleurs;
J'aprens aux ruisseaux à se plaindre.
On diroit qu'ils roulent des pleurs.
Ma douleur, &c.

Qu'entens-je ? un Hautbois m'accompagne ! ...*
Est-ce une illusion ? je ne m'abuse pas.
C'est ce Berger, qui sur mes pas
Menoit ses moutons paître au pied de la montagne.....
Quel son pur & sensible il tire du Hautbois !
Par quels accords touchans il secondoit ma voix !

---

* Dans les repos de ce monologue on entend le Hautbois de Fonrose.

Un habitant de la Campagne !
Un pasteur ! Ecoutons !... c'est un enchantement.
Qui croiroit que le sentiment
Fût seul un guide si fidèle ?
Dans un art inconnu, sans étude, il excelle.
Et qu'on nous dise après cela
Que le goût est le fruit d'une lente culture.
Non, c'est l'instinct de la nature,
Et l'art ne va point au-delà.

## SCENE VII.

ADELAIDE, FONROSE, RENETTE.

FONROSE *portant le fagot de Renette.*

Hé quoi, bonne femme, à votre âge
Vous vous chargez d'un poids si lourd !
### RENETTE.
Je n'en puis plus.
### FONROSE.
Laissez. Je ferai le voyage.
RENETTE *à Adelaïde.*
Ce jeune homme est honnête on ne peut davantage.
Je pliois sous le faix ; il me voit, il accourt,
Il me délivre.

## LA BERGERE

ADELAIDE à *Renette*.

Hélas ! je suis désespérée
De vous voir prendre encor de si pénibles soins.
Reposez-vous sur moi. Je veille à vos besoins.

RENETTE à *Fonrose*.

Grand merci, mon garçon. Laissez là ma bourée.
A la porter chez nous ma fille m'aidera.

FONROSE.

Non. C'est là-bas votre chaumine ;
Veillez sur mon troupeau : mieux que vous je chemine ;
J'y cours.

RENETTE.

Vous êtes bon : le ciel vous bénira.

## SCÈNE VIII.

RENETTE, ADELAIDE.

RENETTE.

MA fille, savez-vous quel est ce berger là ?
Il a bon cœur & bonne mine.

ADELAIDE.

Je ne l'ai sur mes pas rencontré qu'aujourd'hui.

RENETTE.

On n'en voit guère comme lui.

ADELAIDE.

ADELAIDE.
Il est vrai, son air intéresse.
RENETTE.
Si le Ciel !.... mais, que dis-je ? Ah ! vous méritez mieux.
Pardon.
ADELAIDE *en gémissant.*
Ah ! ma digne maîtresse.
RENETTE.
Je vous aime comme mes yeux ;
Mon bon homme pour vous a la même tendresse;
Mais vous êtes si jeune ! & nous sommes si vieux !
Voulez-vous seule ici languir dans la tristesse ?
A la longue un troupeau devient fort ennuyeux.

On ne vit pas seule au monde.
L'on n'est rien quand on n'est qu'un.
On a besoin de quelqu'un,
Qui nous aime & nous seconde,
Avec qui tout soit commun.
C'est un aide qui soulage,
C'est un asyle, un soutien,
C'est un ami qui partage,
Peine & plaisir, mal & bien.
On ne vit, &c.

ADELAIDE.
Ma bonne, perdez cette idée.

B

RENETTE.
Là, là, vous vous consulterez,
Et peut-être qu'un jour vous vous déciderez.
*Elle s'en va.*

ADELAIDE.
Hélas ! je suis bien décidée.

---

## SCÈNE IX.

### ADELAIDE, FONROSE.

FONROSE *essoufflé*.
La course est assez bonne.

ADELAIDE.
A vos soins obligeans,
Berger, vous me voyez sensible :

FONROSE *négligemment*.
Il faut bien, quand il est possible,
Aider un peu les bonnes gens.

ADELAIDE *bas*.
Plus je le vois, plus je l'écoute.....
Ah ! je veux éclaircir ce doute.
*Haut.*
Il s'en va ! Menez-vous loin d'ici vos moutons ?

#### FONROSE.
Je ne les mène point. Mon troupeau va lui-même
Dans les pâturages qu'il aime.
#### ADELAIDE.
Vous n'êtes pas de ces cantons ?
#### FONROSE.
Non.
#### ADELAIDE.
Le Ciel vous a-t-il fait naître
Dans l'état de Pasteur ?
#### FONROSE.
Puisque je suis Pasteur,
Sans doute j'étois né pour l'être.
*Bas.*
Je ne sais où je suis.
#### ADELAIDE *bas.*
Il se trouble, il a peur
*Haut.*
De se trahir ? Non, non, votre air, votre
langage,
Tout me dit que le Ciel vous avoit mieux placé.
#### FONROSE.
Ce que vous dites-là, de vous je l'ai pensé.
Vous n'avez pas non plus l'air des gens de village;
Vous voilà cependant où le sort m'a laissé.

Mais, la nature est la mere,
Des Bergers comme des Rois.
N'a-t'elle pas quelquefois,
Paré d'une main légere,
La simple & timide Bergere,
Comme l'objet de son choix.
Si les talens & les graces,
Sont ses plus douces faveurs;
N'est-ce pas comme des fleurs,
Qu'elle répand sur ses traces?
La fleur qui naît dans les champs,
N'a pas besoin de culture;
C'est aux leçons de la nature,
Que les oiseaux doivent leurs chants.
Oui, la nature, &c.

### ADELAIDE.

*Bas.* Ce Berger m'interdit. *Haut.* Vous me trompez, vous dis-je;
Cet art que vous avez d'animer le Hautbois
Dans un simple habitant des bois
Seroit le plus rare prodige.

### FONROSE.

Ah! c'en est un que votre voix.
C'est tout ce que j'entens, c'est tout ce que je vois,
Qui doit paroître une merveille.

#### ADELAIDE.
Qui vous a donc inſtruit ?
#### FONROSE.
Mon cœur & mon oreille,

Vous chantez, je ſuis ravi,
Et mon hautbois eſt docile;
Il vous répond à l'envi;
Cet art n'eſt pas difficile.
Helas, il n'en coûte rien,
D'exprimer ce qu'on ſent bien.

A-t'on beſoin de leçon,
Quand on eſt ſenſible & tendre ?
Pour former d'aimables ſons,
C'eſt aſſez de vous entendre.
Non, non, il n'en coûte rien,
D'exprimer ce qu'on ſent bien.

Aux accens de votre voix
Je me ſentois tout de flâme;
Et ma bouche à mon hautbois,
N'a fait qu'inſpirer mon ame.
Non, non, il n'en coûte rien,
D'exprimer ce qu'on ſent bien.

#### ADELAIDE.
Mais vous exprimiez la triſteſſe.
#### FONROSE.
Oui, celle que vous inſpirez.

Je gémis quand vous soupirez ;
Prenez un air riant, je peindrai l'allégresse.

ADELAIDE.

Non, non, ces lieux ne sont pas faits
Pour la vaine & frivole joie.
La plainte & les soupirs en troublent seuls la paix.

FONROSE.

Ah ! j'ai dequoi m'y plaindre.

ADELAIDE.

    A ma douleur en proie,
Je ne fais qu'y gémir.

FONROSE.

    Nous gémirons tous deux ;

ADELAIDE

Etes-vous aussi malheureux ?

FONROSE.

Si je le suis !

ADELAIDE.

Hé bien, le Ciel qui vous envoie,
Nous unit pour nous consoler.
Sous ce Chêne, demain, rendez-vous dès l'aurore.
Là, mon cœur à vos yeux veut bien se dévoiler ;
Et là, vous me direz, comment, si jeune encore,
Le ciel dans ma retraite a pu vous exiler.

FONROSE.
Dieu ! qu'a-t-elle à me révéler ?
L'impatience me dévore,
Mais il faut la dissimuler.

**ADELAIDE ET FONROSE**
Ah que deux ames dans la peine,
Trouvent de charme à se chercher !
De sa douleur, l'une est trop pleine ;
L'autre demande à s'épancher ;
Et leur malheur forme une chaîne,
Dont rien ne peut les détacher.

*Fin du premier acte.*

## ACTE II.

*Le Théâtre représente l'intérieur d'une cabane.*

## SCÈNE PREMIERE.

RENETTE, BLAISE *assis l'un près de l'autre.*

#### BLAISE.

Oui, je l'ai vu ; le drôle est jeune & fait à peindre.

#### RENETTE.

Il est bien mieux encor ; il est doux, bienfaisant.

#### BLAISE.

Je croirois bien qu'en l'épousant
Elle ne seroit pas à plaindre.
Nous lui donnerions tout, & cabane & troupeau.

#### RENETTE.

J'ai du linge tout neuf ; j'en ferois son trousseau ;
Car je l'aime comme ma fille.

#### BLAISE.

Qu'elle est bonne ! qu'elle est gentille !
Je ne la vois jamais sans attendrissement.

# DES ALPES.

Si ta fille vivoit elles seroient compagnes.
Ta fille étoit charmante.

### RENETTE.

Hélas ! de nos montagnes
C'étoit, sans me flater, le plus bel ornement.

### BLAISE.

Elle te ressembloit.

### RENETTE.

Tu plaisantes, bon homme.

### BLAISE. *Il se leve, & Renette aussi.*

Non, quand tu dansois sous l'ormeau
Sur toutes celles du hameau,
Je le soutiens encor, tu remportois la pomme.
Te souvient-il du jour que l'on nous maria ?
Comme en te voyant si jolie,
Tout le monde se récria.
Moi je t'aimois à la folie.

### RENETTE.

Tu m'aimes bien encor ?

### BLAISE.

Oui, mais ce premier feu,
Dans cinquante ans de mariage,
A dû se ralentir un peu.
Avec plaisir pourtant j'en rapelle l'image.

## LA BERGERE

### AIR.

Quand il falut aller
Célébrer le myſtere,
Je vis tes pleurs couler
Sur le ſein de ta mere.
Je me ſentois brûler,
Je n'oſois te parler.
Va donc, me dit ton pere,
Va donc, la conſoler.
J'approchai doucement,
Comme approche un Amant;
Et je te dis: C'eſt Blaiſe,
Qui va s'unir à toi;
Tu n'es donc pas bien aiſe
De lui donner ta foi?
Alors tes pleurs tarirent,
Tes yeux avec bonté,
Sur les miens s'attendrirent,
Et je fus enchanté.

### BLAISE ET RENETTE.

Ah quel heureux moment,
Où je formai ce nœud charmant!

### RENETTE.

Le cœur me battoit.

### BLAISE.

Celui de Blaiſe
Palpitoit.

*Ensemble.* { Le cœur me battoit,
Le mien palpitoit,
De peur & d'aiſe.

## DES ALPES.

**BLAISE.**
Ta main trembloit, la mienne la preſſa,
Le plaiſir vint, & la frayeur ceſſa.

**RENETTE.**
Ma main trembloit, la tienne la preſſa,
Le plaiſir vint, & la frayeur ceſſa.

**RENETTE.**
Hélas ! ſi pour notre Bergere
Nous pouvions, avant de mourir,
Renouveller encor une fête ſi chere !
Mais non, rien ne peut la guérir
De cet ennui ſecret qu'elle ſemble chérir,
Et dont elle nous fait myſtere.

**BLAISE.**
Laiſſe faire au Berger qui rode en ces cantons.
Mais ſilence. Elle arrive, & j'entens ſes moutons.

---

## SCÈNE II.

ADELAIDE, BLAISE ET RENETTE.

ADELAIDE *à la porte de la Cabane.*

*AIR.*

Petits moutons, accourés tous.
Voici la nuit, gare les loups.
Paſſés, paſſés, ſous ma houlette :

# LA BERGERE

Que je vous mette
En sûreté,
Le loup vous guette.
Passés, passés, le loup vous guette.
Au point du jour, en liberté,
Vous irez jouer sur l'herbette.
Petits moutons, &c.

*Elle entre.*

Bon soir, mes chers maîtres, bon soir.

### BLAISE.

Il nous tardoit de vous revoir.

### ADELAIDE.

Me voilà. Nos moutons sont rentrés dans l'étable :
Il n'en manque pas un. Ça, vous devez avoir
Bon apétit. Venez, venez vous mettre à table.

*Elle sert le souper.*

### RENETTE.

Non, je ne me fais point à la voir nous servir.

### BLAISE.

Laisse-la. Que veux-tu ? c'est pour elle un plaisir.

*Ils se mettent à table.*

### BLAISE.

Il a fait beau.

### ADELAIDE.

Fort beau.

BLAISE.
Vous me semblez rêveuse ?
ADELAIDE.
Moi ! point du tout.
RENETTE.
Ah ! mon enfant,
Je voudrois bien vous voir heureuse !
ADELAIDE.
Mais je le suis.
RENETTE.
J'en doute, & je le dis souvent.
ADELAIDE.
Qui ne le seroit pas avec vous, mes bons maîtres?
Nous nous aimons tous trois, nous en sommes
bien sûrs.
Croyez-moi, les plaisirs champêtres
Ne sont pas les plus vifs, mais ils sont les plus
purs.

Dans quel asyle,
Un cœur tranquille,
Peut-il à moins de frais,
goûter des biens plus vrais ?

Loin de l'envie,
Pour nous la vie
S'écoule doucement,
Comme un heureux moment.

Le jour se leve,
Son cours s'acheve,
Sans laisser après lui,
Les regrets ni l'ennui.

Dans quel asyle,
Un cœur tranquille,
Peut-il à moins de frais,
Goûter des biens plus vrais.

Enfans chéris de la nature,
Nous possédons
Ses premiers dons.
De la verdure,
Une onde pure,
Et le fil des toisons,
Et les fruits des saisons.
Les soins légers de la culture
De nos loisirs
Sont nos plaisirs.
Dans quel asyle, &c.

### BLAISE.

On frape.

ADELAIDE *va ouvrir la porte.*

Ah ! l'un des gens de Monsieur de Fonrose !

## SCÈNE III.

**LA FLEUR & *les précédens*.**

**LA FLEUR.**

Monsieur lui-même arrive & Madame avec lui.

**ADELAIDE.**

Tant mieux.

**LA FLEUR** *tristement*.

De leur retour quand vous saurez la cause !...
Leur fils unique s'est enfui.

**ADELAIDE.**

O Ciel !

**LA FLEUR**

Comme il a pris le chemin de la France,
Ils alloient l'y chercher : inutile espérance !
Sans doute il a péri.

**BLAISE.**

Comment ?

**ADELAIDE.**

Par quel malheur ?

**LA FLEUR.**

Nous venons de voir un voleur
Vêtu de ses habits, qui couroit la campagne.

Il a pris l'épouvente & gagné la montagne.
On le poursuit. Et moi je viens vous demander
Si l'on peut cette nûit sans vous incommoder...

### RENETTE.

Oui, nous offrons l'asyle à ce malheureux pere,
A cette mere, hélas, qui doit bien s'affliger.
  Nous bénirons notre misere,
  Si nous pouvons les soulager.

### ADELAIDE.

Allons au-devant d'eux.

### LAFLEUR.

    Les voilà qui me suivent.
Ils remplissent l'air de leurs cris.
Hélas ! S'ils ont perdu leur fils,
Je ne crois pas qu'ils lui survivent.

SCÈNE IV.

## SCÈNE IV.

Monsieur & Madame DE FONROSE,
& LES ACTEURS PRÉCÉDENS.

### M. DE FONROSE à sa femme.

NE perdons pas toute espérance,
Et modérons notre douleur.
Souvent la crainte du malheur
Fait qu'on en croit trop l'apparence.

### Madame DE FONROSE.

Ah, loin de me rassurer,
Sur mon malheur tout m'éclaire.
Hélas ! que puis-je espérer ?
O trop malheureuse mere !
Non non, je ne le suis plus.
Vains regrets, vœux superflus !
Non, non, je ne suis plus mere.
Mon cher enfant ne vit plus.

## SCÈNE V.

**GUILLOT, JEANNETTE**, Gens de M. de Fonrose, & les précédens.

**M. Mad. DE FONROSE & leurs Gens.**
Ah scélérat!

**BLAISE, RENETTE, ADELAIDE.**
Quoi! c'est Guillot!

**JEANNETTE.**
Pauvre Guillot.

**GUILLOT.**
Grace! Hé non, je suis honnête homme.
Je consens que l'on m'assomme,
Si je vous mens d'un seul mot.
Blaise, Blaise, sauvez Guillot.

**LES GENS.**
On va te pendre.

**GUILLOT, BLAISE, RENETTE, ADELAIDE.**
Grace!

**LES GENS.**
Non.

**GUILLOT.**
Daignez m'entendre.!

## DES ALPES.
#### BLAISE, RENETTE, ADELAIDE.
Daignez l'entendre.

#### M. DE FONROSE.
Je vais l'entendre.

#### Madame DE FONROSE.
Que vais-je entendre?

#### GUILLOT.
Blaise! Blaise! sauvez Guillot.

#### M. DE FONROSE.
Répons-moi. D'où te vient cet habit.

#### GUILLOT.
D'un échange,
D'un marché que j'ai fait, certes bien malgré
moi.

#### M. DE FONROSE.
Comment donc?

#### GUILLOT.
Rien n'est plus étrange;
Mais j'ai troqué de bonne foi.

#### M. DE FONROSE.
C'est de quelque voleur que tu le tiens?

#### Madame DE FONROSE.
Je tremble.

#### GUILLOT.
Non: du moins il n'en a pas l'air.

C'est un jeune homme vif & prompt comme
l'éclair,
Mais fort honnête, à ce qu'il semble.

Madame DE FONROSE.

Son âge ?

GUILLOT.

Il a.... seize ans.

Madame DE FONROSE.

Ses cheveux ?

GUILLOT.

Châtain clair.

Madame DE FONROSE.

Ses yeux ?

GUILLOT.

Bleus.

Madame DE FONROSE.

Sa figure ?

GUILLOT.

Aimable : il vous * ressemble.
Il a seulement l'air un peu plus résolu.
Il m'a tout acheté plus que je n'ai voulu ;
Mon troupeau, ma cabane. Enfin d'accord ensemble,
Il a pris mon habit. Plutôt que d'aller nud,
J'ai pris le sien. Voilà toute mon aventure.

---

* A M. de Fonrose.

#### M. DE FONROSE.
Tu ne mens pas ?
#### GUILLOT.
Oh non, c'est la vérité pure.
#### M. DE FONROSE.
S'il est vrai, pourquoi fuir en nous voyant ?
#### GUILLOT.
Pourquoi ?
C'est qu'on me poursuivoit, que je prens garde
à moi,
Et que je suis un peu craintif de ma nature.
#### M. DE FONROSE.
Je commence à le croire.
#### JEANNETTE.
Ah ! croyez tout-à-fait
Que le mal qu'on vous dit, Guillot ne l'a pas
fait.
#### M. DE FONROSE.
Leur air de candeur me rassure.
Mais enfin, ce jeune homme, où l'avez-vous
laissé ?
#### GUILLOT.
Il est dans ma cabane, où couché sur la paille,
Il se croit trop heureux de m'en avoir chassé.
#### M. DE FONROSE.
Quoi ! mon fils jusques-là seroit-il insensé !

Sans tarder un instant, qu'on le suive, & qu'on aille
Voir s'il nous en impose.

ADELAIDE.

Un moment : j'entrevois
Qu'il vous fait un récit fidèle.

BLAISE.

J'ai le même soupçon.

RENETTE.

J'ai pensé tout comme elle.

ADELAIDE.

Fonrose a-t-il appris à jouer du Hautbois ?

Madame DE FONROSE.

Il en joue à merveille.

GUILLOT.

Oui dà ? c'est mon jeune homme.
Ce matin il falloit voir comme
Le sien résonnoit sous ses doigts.

M. DE FONROSE.

Ne tardons plus ; allons.

ADELAIDE.

Qu'allez-vous entreprendre ?
Au milieu de la nuit ! & s'il va se troubler ?
S'il croit que l'on vient le surprendre ?
S'il s'enfuit dans les bois ?

Madame DE FONROSE.
Vous me faites trembler.
ADELAIDE.
Sans rien précipiter, sans lui causer d'alarmes,
Sans risquer de le voir s'échaper dans la nuit;
Laissez-moi l'attirer, le ramener sans bruit.
Demain je le rends à vos larmes.
Madame DE FONROSE.
Vous le connoissez donc ?
ADELAIDE.
Oui. Je l'ai vu ce soir.
M. DE FONROSE *vivement.*
Ah ! c'est vous qu'il cherchoit. Voilà tout le mystere.
A votre nom cent fois je l'ai vu s'émouvoir;
Et sur un récit trop sincere,
Il n'a pu résister au desir de vous voir.
*A Madame de Fonrose.*
Rassurons-nous. Sa faute annonce une ame honnête.
*A Adelaïde.*
J'excuse, en vous voyant, cette premiere ardeur.
C'est l'écart d'une jeune tête,
Mais le mouvement d'un bon cœur.
M. & Mad. de FONROSE.
Oui, c'est lui-même;
Oui, c'est mon fils.

# LA BERGERE

Bonheur suprême !
Ah ! je revis.

### Chœur.

Oui, c'est lui-même ;
Oui, c'est leur fils.
Bonheur suprême !

### GUILLOT ET JEANNETTE.

Ah ! je revis.

### M. & Mad. DE FONROSE.

Je le pleurois,
Je t'implorois,
O Ciel ! ô Ciel ! à mes regrets,
Tu l'as rendu ce fils que j'aime.
Oui, c'est lui-même, &c.

*Fin du second Acte.*

# ACTE III.

*Le Théâtre représente le même paysage que dans le premier Acte.*

## SCÈNE PREMIERE.

### FONROSE *seul.*

C'est ici que je dois l'attendre ;
C'est ici que je vais entendre
Ce qui peut causer ses malheurs.
Dieu ! n'est-ce point l'amour qui fait couler ses
    pleurs ?
Je brûle & frémis de l'apprendre.

    C'est fait de moi,
    Si je n'obtiens sa foi.
    Ah qu'elle est belle !
    Je n'ai vu qu'elle,
    Toute la nuit.
    Au moindre bruit,
    Je crois l'entendre, qui m'appelle.
    Ah qu'elle est belle !
    Je n'ai vu qu'elle.
    C'est fait de moi,
    Si je n'obtiens sa foi.

Quoi ! sous le Chaume elle repose,
Et la paille lui sert de lit !
O Cabane qu'elle embellit,
Humble toît, où l'amour dépose
Ce qu'il a de plus précieux,
Qu'un palais, près de vous, seroit vil à mes yeux!
La voici. Que d'attraits ! quelle grace touchante!
Sa démarche, son air, ses regards, tout m'enchante.

## SCÈNE II.

FONROSE, ADÉLAÏDE, JEANNETTE.

JEANNETTE *allant au-devant d'Adélaïde*.

Hé bien ? est-il en liberté ?

ADELAIDE *bas*.

Elle va tout dire à Fonrose.
Paix, nous tenons la vérité.

JEANNETTE.

Quoi ! l'on n'a pas encor ?...

ADELAIDE *bas*.

Paix, vous dis-je, & pour cause.
Je vais tirer Guillot de sa captivité.

DES ALPES.

JEANNETTE.
Rendez-le moi bien vite,
Mon cœur palpite,
Du doux espoir
De le revoir.
Comme on s'appaise,
Quand son Berger
Est en danger ;
Et qu'on est aise,
Quand on a pu le dégager !
Rendez-le moi, &c.

---

## SCENE III.

JEANNETTE, GUILLOT, ADELAIDE, FONROSE.

JANNETTE.

Ah Guillot, te voilà !

GUILLOT.
Chere Jeannette, oublie
Un moment de folie.
J'en suis humilié.

JEANNETTE.
Va, tout est oublié.

GUILLOT, *à Fonrose.*
Je vous cherchois.

## LA BERGERE

FONROSE, *bas.*

Va t'en ; laisse-nous , je t'en prie.

GUILLOT.

Non , rendez-moi ma bergerie,
Mon chien , mon troupeau , mon habit.

FONROSE, *bas.*

Ah Guillot, tu me perds.

GUILLOT.

Je vous l'avois bien dit
Que c'étoit quelque étourderie.

ADELAIDE.

Vous vous connoissez donc ?

FONROSE, *interdit.*

Oui, je crois l'avoir vu.

GUILLOT.

Vous croyez m'avoir vu ? Quel effort de mémoire !

Ah je vous prie aussi de croire,
Qu'ici même, hier au soir, je vous ai bien vendu
Mon troupeau , ma cabane ; & que c'est vous encore ,
Qui malgré moi , l'avez voulu.
Oh moi , je n'aime pas que l'on me deshonore.

FONROSE, *bas.*

Pour me désesperer , méchant, que t'ai-je fait ?

## DES ALPES.

**GUILLOT.**

Peu de chôse ! Et j'ai tort de me plaindre en effet.
Monsieur s'amuse, il se déguise ;
Et parce qu'il est étourdi,
Parce qu'il fait une sottise,
C'est moi......

**FONROSE.**

Vous êtes bien hardi.

**ADELAIDE.**

Il a raison d'être en colere.

**GUILLOT.**

Voulez-vous que pour vous plaire,
Je passe pour un voleur ?

**FONROSE.**

Comment, pour un voleur ?

**ADELAIDE.**

C'est un petit malheur ;
Mais il est réparé. Va Guillot, sois tranquille.

**GUILLOT.**

Non.

**ADELAIDE.**

Ecoute... J'y veille, & tu peux t'en aller.

**GUILLOT.**

Adieu. Mais dites bien à vos gens de la ville,
Que ce n'est pas chez nous qu'on apprend à voler.

*Il sort avec Jeannette.*

## SCÈNE IV.

### ADELAIDE, FONROSE.

#### ADELAIDE.

A nous déguiser l'un & l'autre,
Vous voyez qu'il faut renoncer.
Parlons-nous sans détour. Je veux bien commencer,
Et par ma confiance encourager la vôtre.
Ecoutés. Mes malheurs sont pour vous des leçons.
Berger, vous voyez ces gazons ?

*Elle s'approche du Tombeau & s'assied au pied du Chéne.*

    Sous ces gazons depuis deux ans repose
    Mon seul appui, mon Amant, mon Epoux.
    De ses malheurs, c'est moi qui fus la cause :
    Je l'aimai trop, le Ciel en fut jaloux.
    De mille pleurs, chaque jour je l'arrose ;
    Et ce sont-là mes plaisirs les plus doux.

    Quand ses drapeaux voloient à la victoire,
    Je le retins dans ce fatal séjour.
    C'est dans mes bras, qu'il oublia sa gloire.
    Pour s'en punir, il s'est privé du jour ;

Et ma douleur qui venge sa mémoire,
Expie en moi le crime de l'amour.

*Après un long silence.*

A présent, dites-moi quel sang vous a fait naître,
Et ce qui vous réduit à l'état de Berger.

### FONROSE.

Ah ! cessez de m'interroger.
Il est affligeant de connoître
Un mal qu'on ne peut soulager.

### ADELAIDE.

Puis-je, sans savoir qui vous êtes,
Me fier plus long-tems à vous ?
Le mystere que vous m'en faites
Eleve un nuage entre nous.

### FONROSE.

Ah ! ne m'enviés pas
La douceur passagere
De suivre ici vos pas.
La faveur est légere ;
Ne me l'enviés pas.
Vous saurez trop helas,
A qui vous étiez chere.
Laissés à mon trépas
Eclaircir ce mystere.
Ah ne m'enviés pas, &c.

## LA BERGERE

ADELAIDE.

Non, j'exige de vous l'aveu le plus sincere;
Tel que je crois le mériter.
Je vous ai parlé sans myſtere,
Et c'eſt à vous de m'imiter.

FONROSE.

Vous le voulez ? He bien.... Ciel, à quoi je m'expoſe !
Je ſuis....

ADELAIDE.

Parlez.

FONROSE.

Je ſuis Fonroſe,
Le fils des voyageurs que vous avez charmés.

ADELAIDE.

Vous laiſſez dans les pleurs vos parens alarmés !

FONROSE.

Hélas ! de mes erreurs, ſi vous ſaviez la cauſe !

ADELAIDE.

Vous effrayez
Un tendre pere !
Et quelle mere
Vous fuyez !
Vous les voyez
Tous deux noyés
Dans la douleur la plus amere ;
Et vous, ingrat, vous les fuyez !

Allez;

## DES ALPES.

Allez,
Volez
Et confolez,
Deux cœurs que vous défolez.

### FONROSE.
N'avois-je pas raifon de feindre ?
Je l'avois bien prévu, que vous m'alliez gronder.

### ADELAIDE.
Faut-il vous applaudir ?

### FONROSE.
Il faut du moins me plaindre;
Et favoir fi mon cœur a pu ne pas céder.
Si je laiffe dans les larmes
Ceux dont j'ai reçu le jour,
J'ai pour excufe vos charmes,
Ma jeuneffe & mon amour.
Sans vous voir, fans vous entendre,
Oui, c'eft vous que j'adorois.
Vos malheurs & vos attraits,
De la pitié la plus tendre,
M'ont fait fentir tous les traits.
C'eft ce penchant invincible
Qui m'a forcé de partir.
Tout mon crime eft d'être fenfible,
Et je ne puis m'en repentir.

### ADELAIDE.
Vous favez fi je puis approuver cette ivreffe;
Fuyez moi pour jamais, Fonrofe, & m'oubliez.

D

# LA BERGERE

FONROSE *vivement.*
Moi vous fuir ! je jure à vos pieds
De vous suivre par-tout, de vous aimer sans
cesse.

---

## SCÈNE V.

Les Acteurs précédens, M. & Madame
DE FONROSE, leurs Gens, BLAISE &
RENETTE, GUILLOT & JEANNETTE.

GUILLOT *au fonds du Théâtre.*

Le voilà :
FONROSE, *voyant ses parens.*
Dieu !
Madame DE FONROSE, *courant embrasser son fils.*

Mon fils !
ADELAIDE, *à M. de Fonrose.*
Je remplis ma promesse.
M. DE FONROSE, *à son fils.*
Vous voilà donc jeune insensé ?
ADELAIDE.
Monsieur, je vous le rends ; oubliez le passé.
FONROSE, *à genoux.*
Ah ! Madame, & vous mon pere,
Vous me voyez confondu.
Madame DE FONROSE, *le releve.*
Tu respires ! Tu m'es rendu !

## DES ALPES.

M. DE FONROSE.
Vous méritez ma colere.

FONROSE.

Défarmez ce front févere.
Je fens trop ce qui m'eft dû ;
Mais par les maux que j'endure,
L'amour venge la nature ;
Et votre fils eft perdu.

Madame DE FONROSE.
Quoi, mon fils!

FONROSE.
J'ai tout fait, j'ai tout quitté pour elle.
Pouvois-je aimer rien de plus beau ?
Mais je l'adore en vain : veuve tendre & fidéle,
Elle pleure un époux dont voilà le tombeau.

M. DE FONROSE.
Quoi ! C'eft donc pour cela que, fi jeune & fi belle,
Elle a quitté le monde ?

ADELAIDE.
Il n'eft plus rien pour moi.

M. DE FONROSE.
Le nom de votre époux ?

ADELAIDE.
Doreftan.

M. DE FONROSE.
Et le vôtre ?

D ij

## LA BERGERE ADELAIDE.

Sevile.

#### M. DE FONROSE.
Ils sont vraiment bien connus l'un & l'autre.
Oui, mon enfant, son cœur étoit digne de toi.
Mais il faut désormais l'honorer & la plaindre;
Et ton amour, que je conçoi,
Est un feu que tu dois éteindre.

#### FONROSE, *dans l'abattement.*
S'il faut quitter Adelaïde,
Je quitterai bientôt le jour.
Je sens qu'un même instant décide,
De ma vie & de mon amour.

#### Madame DE FONROSE.
Vous voyez sa douleur extrême.

#### ADELAIDE.
Que je suis malheureuse!

#### M. DE FONROSE.
Il m'attendrit moi-même.
Allons, mon fils, allons, il faut nous éloigner.
*à Adelaide.*
Je ne vous presse pas de nous accompagner.

#### ADELAIDE.
Hélas! Que ne le puis-je?

#### FONROSE *pénétré de douleur.*
Adieu tout ce que j'aime.

#### ADELAIDE.
Adieu Fonrose.

## DES ALPES.

FONROSE *dans les bras de son pere.*

Ah quel effort !
Ah quel supplice ! Ah quel effort !
Non, je sens que j'y succombe,
Mon cœur n'est pas assez fort,
Laissez-moi sur cette tombe,
Je ne veux plus que la mort.

*Il veut se jetter sur le tombeau de Doresan.*

M. DE FONROSE *le retenant dans ses bras.*

Adelaide !

Mad. DE FONROSE.

Ah, ma fille !
Votre cœur est-il sans pitié,
Sans pitié pour une famille
Qui pour vous a tant d'amitié ?

ADELAIDE.

Qu'exigez-vous de moi, Madame ?

Madame DE FONROSE.

De nous suivre.
Vous le voyez, sans vous mon enfant ne peut
vivre.
Ce n'est pas de l'amour qu'il vous doit inspirer.
Hélas ! son cœur qui vous adore,
A ce retour n'ose aspirer ;
Mais la pitié suffit, c'est elle que j'implore.
C'est vous, sans le vouloir, qui causeriez sa
mort ;
De la mienne bientôt elle seroit suivie.
Venez, sauvez mon fils, faites-vous cet effort.

Une mere à genoux, vous demande sa vie.
Votre cœur s'attendrit, c'est tout ce que je veux ;
Venez & ranimez ses jours prêts à s'éteindre.
### BLAISE.
Vous feriez trop de malheureux :
Ma fille, il faut céder, il faut vous y contraindre.
### ADELAIDE, *regardant le Tombeau.*
O Dorestan ! Ton cœur fut noble & généreux ;
Non d'un devoir si saint, tu ne saurois te plaindre.
Vivez Fonrose.
### FONROSE.
Quelle voix !
### M. DE FONROSE, *vivement.*
La voix de ton Adelaïde.
A nous suivre à Turin, l'amitié la décide,
Aime pour elle au moins le jour que tu revois.
### FONROSE.
Enfin je respire.
*A ses parens.* Quoi ! de mon délire
Elle a donc pitié !
*A Adelaïde.* Sur vous l'amitié
Obtient cet empire !
### ADELAIDE.
Vivez. Je consens
Fonrose à vous suivre.
### FONROSE.
Pour vous je vais vivre.
L'espoir qui m'enivre
Ranime mes sens.

# DES ALPES.

**M. & Madame DE FONROSE.**
Enfin vous cédez.

**FONROSE.**
Je me sens renaître,
C'est un nouvel être,
Que vous me rendez.

**ADELAIDE.**
Ma bonne, mon pere,
Vous que je revere,
A qui je fus chere,
Faut-il vous laisser !
De votre Bergere,
Comment vous passer ?

**BLAISE ET RENETTE.**
Oui, fille trop chere,
Il faut nous laisser.

**FONROSE.**
Guillot, tout prospere
Au gré de mes vœux.

**GUILLOT ET JEANNETTE.**
Et nous, & nous deux ?
Vous n'y pensez guère.

**FONROSE.**
Vous serez heureux :
J'en fais mon affaire.

**CHŒUR.**
Soyons tous heureux.

**ADELAIDE.**
Ma bonne, mon pere,
Serez-vous heureux ?

## LA BERGERE, &c.

**BLAISE ET RENETTE.**
Oui, fille trop chere,
Nous serons heureux.

**M. DE FONROSE** *à son fils.*
Tu vois si ton pere
S'oppose à tes vœux.

**Madame DE FONROSE** *à Adélaïde.*
D'une tendre mere
Vous comblez les vœux.

**FONROSE.**
Pourvu que j'espere,
Je suis trop heureux.

**GUILLOT.**
Jeannette ma chere,
Au soin de te plaire
Je borne mes vœux.

**JEANNETTE.**
Au soin de te plaire
Je borne mes vœux.

**TOUS**, *excepté Adélaïde.*
Soyons tous heureux.

**FIN.**

---

J'AI lû, par ordre de Monseigneur le Vice-Chancelier, *la Bergere des Alpes*, Opéra Comique; & je crois qu'on peut en permettre l'impression. A Paris ce 21 Février 1766. MARIN.

Vû l'Approbation, permis de représenter, ce 14 Février 1766. DE SARTINE.

---

De l'imprimerie de P. AL. LE PRIEUR, Imprimeur du Roi.

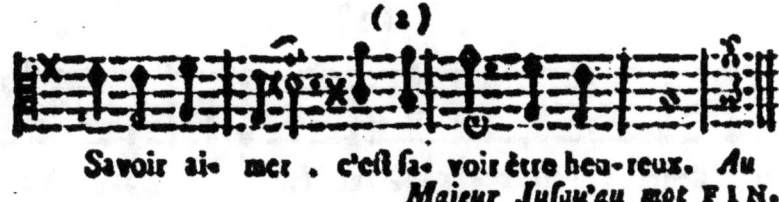
Savoir ai- mer, c'est sa- voir être heu- reux. *Au Majeur Jusqu'au mot* FIN.

Allegro. FONROSE.

Oui, la na- ture est la mere

des Bergers comme des Rois ? N'a-t-elle
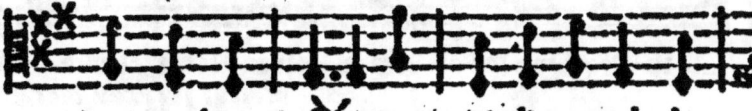
pas quelque fois pa- ré d'une main le-
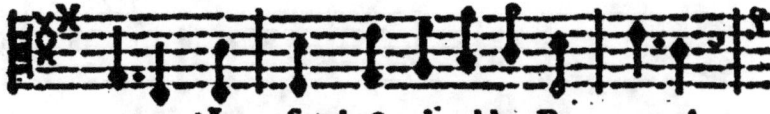
gere, La simple & ti- mide Ber- gere !

FIN.

comme l'objet de son choix.

Mineur.

Si les ta- lens & les graces sont ses

plus douces fa- veurs, N'est ce pas comme des

loux, De mille pleurs chaque jour je L'a-ro-se,

Et ce sont là mes plaisirs les plus doux

Quand ses drapeaux voloient à la vi-ctoire,

Je le re-tins dans ce fa-tal se-jour; C'est

dans mes bras qu'il oubli-a sa gloi-re; Pour

s'en pu-nir, il s'est privé du jour; Et ma dou-

leur qui venge sa mé-moi re, Ex-pie en

moi le crime de l'A-mour.

L'on trouve chez le même Libraire, Annette & Lubin, Pastorale du même Auteur.

www.ingramcontent.com/pod-product-compliance
Lightning Source LLC
LaVergne TN
LVHW022122080426
835511LV00007B/982

# LA FLUTE ENCHANTÉE

## OPÉRA FANTASTIQUE EN QUATRE ACTES

### EN SEPT TABLEAUX

PAR

## MM. NUITTER ET BEAUMONT

MUSIQUE DE

# MOZART

Représenté pour la première fois, à Paris, sur le THÉATRE-LYRIQUE, le 23 février 1865

PARIS

MICHEL LÉVY FRÈRES, LIBRAIRES ÉDITEURS

RUE VIVIENNE, 2 BIS, ET BOULEVARD DES ITALIENS, 15

A LA LIBRAIRIE NOUVELLE

—

1865

Tous droits réservés

## Distribution de la pièce

| | |
|---|---|
| SARASTRO, grand-prêtre d'Isis... | MM. Depassio. |
| TAMINO, jeune pêcheur......... | Michot. |
| MONOSTATOS, prince nubien.... | Lutz. |
| PAPAGENO, oiseleur........... | Troy. |
| BAMBOLODA, esclave de Monostatos | Gerpré. |
| Premier Prêtre d'Isis.......... | Fromant. |
| Deuxième Prêtre d'Isis........ | Petit. |
| Deux Gardiens du temple....... | Peront et Gillant. |
| PAMINA.................... | Mmes Miolan-Carvalho. |
| LA REINE DE LA NUIT........ | Nilson. |
| PAPAGENA................. | Ugalde. |
| Première Fée............... | Albrecht. |
| Deuxième Fée.............. | Estagel. |
| Troisième Fée.............. | Fonti. |
| Trois Initiés............... | Daram. / Wilhème. / Peyret. |

Prêtres d'Isis, Esclaves, Peuple, Fées, Génies de l'eau et du feu, Nymphes, Gnomes, les Heures de la nuit.

La scène se passe à This, dans la Haute-Égypte, au temps des premiers rois.

S'adresser pour la mise en scène à M. Arsène, régisseur-général du Théâtre-Lyrique Impérial.